Martin Kaule
Arno Specht

Geisterstätten der Stasi

Eine Spurensuche

Mit Fotos von Martin Kaule und Arno Specht

Jaron Verlag

Die Autoren
Martin Kaule: MK
Arno Specht: AS

Die Fotografen
Martin Kaule: 7, 8/9, 10, 11, 12, 19, 20/21, 22, 23, 24, 25, 26/27, 28, 29, 30, 37, 38/39, 40, 41, 42, 43, 44, 45, 46/47, 48, 57, 58/59, 60, 61, 62, 71, 72/73, 74, 75, 76, 77, 78/79, 80, 81, 82, 91, 92/93, 94, 95, 96
Arno Specht: 13, 15, 16/17, 18, 31, 32/33, 35, 49, 50/51, 52, 53, 54, 55, 56, 63, 64/65, 66, 67, 68, 69, 70, 83, 84, 85, 86/87, 88, 89

Originalausgabe
1. Auflage 2024

www.jaron-verlag.de
Umschlaggestaltung: Bauer+Möhring, Berlin, unter Verwendung von Fotos von Martin Kaule (vorn: Untersuchungshaftanstalt Hohenschönhausen, hinten: ehemaliges Wachgebäude am Dehmsee, Überwachungsturm Rhinow, Bunker bei Biesenthal) und Arno Specht (hinten: Untersuchungshaftanstalt Hohenschönhausen)
Satz und Layout: Prill Partners | producing, Barcelona
Lithographie: Bild1Druck GmbH, Berlin
Druck und Bindung: Finidr s.r.o., Český Těšín

ISBN 978-3-89773-178-3

Inhalt

Vorwort

Sie waren überall. Sie wussten alles. Sie konnten Lebenspläne zerstören, Existenzen vernichten und Menschen in den Wahnsinn treiben. Fast 100.000 hauptamtliche und – je nach Schätzung – bis zu 190.000 Inoffizielle Mitarbeiter waren Ende der 1980er-Jahre beim Ministerium für Staatssicherheit beschäftigt. Fast 40 Jahre lang schien die Macht dieser Behörde unangreifbar. Erst der Mauerfall, der sich in diesem Jahr zum 35. Mal jährt, änderte dies – und zwar binnen kürzester Zeit.

Die Stasi war der Auswuchs eines Systems, das von Beginn an von grenzenlosem Misstrauen gegenüber der eigenen Bevölkerung geprägt war. Das machte sie – wie schon die Geheimdienste der Sowjetunion – zu einem Paradoxon: Einerseits erhoben die Machthaber den Anspruch, nichts Geringeres als das Paradies auf Erden zu schaffen, und gleichzeitig sahen sie die Notwendigkeit, die Bewohner dieses vermeintlichen Paradieses auf Schritt und Tritt zu überwachen.

Der personelle, finanzielle und technologische Aufwand, der dafür betrieben wurde, nahm schon früh absurde Züge an: Obwohl Rohstoff-, Devisen- und Personalknappheit über Jahrzehnte die DDR-Wirtschaft lähmten, standen für die flächendeckende Überwachung der Bevölkerung nahezu unbegrenzte Ressourcen zur Verfügung. Dabei entfaltete die Stasi auch eine beachtliche Bautätigkeit und betrieb mit dem VEB Spezialhochbau sogar ein eigenes Bauunternehmen. Alles in allem unterhielt die Stasi über 1.500 Liegenschaften.

Mit dem Ende der DDR wurde ein Großteil dieser Bauten nutzlos. Gebäude, die speziell für die Bedürfnisse eines im Verborgenen agierenden Geheimdienstes geplant und gebaut wurden, ließen sich oft nur schwer anderweitig nutzen. Für manche hat sich über die Jahre schließlich eine neue Verwendung gefunden, doch viele von ihnen stehen bis heute leer.

Um 14 dieser Objekte geht es in diesem Buch. Sie befinden sich verstreut über das einstige Territorium der DDR und zeigen deutlich, wie umfassend der Geheimdienst das Leben der DDR-Bürger, aber auch seiner eigenen Mitarbeiter durchdrang. Unsere historische Reise führt unter anderem zu bekannten Orten der Repression wie dem Untersuchungsgefängnis des MfS in Berlin-Hohenschönhausen, in dem Systemkritikern unter psychischem Druck Informationen abgepresst wurden. Dass auch ahnungslose Reisende aus West-Deutschland ins Visier der Staatssicherheit gerieten, wird am einstigen Grenzübergang Marienborn deutlich. Objekte wie das nie vollendete Urlaubshotel bei Templin zeigen, wie sehr das MfS auch das Privatleben seiner Mitarbeiter immer im Auge hatte. Und versteckte Bunker und geheime Abhöranlagen, die mit der deutschen Wiedervereinigung bekannt wurden, erzählen Geschichten aus dem Untergrund.

Wie schon in den zuletzt im Jaron Verlag erschienenen Bänden der »Geisterstätten«-Reihe über frühere Liegenschaften der Sowjetarmee oder Relikte der NS-Diktatur legt auch dieser Band weniger einen geografischen als einen inhaltlichen Schwerpunkt. Und wie auch in »Berlins Geisterstätten« werden dabei nicht nur klassische »Lost Places« behandelt, die von der Öffentlichkeit weitgehend unbemerkt still vor sich hin modern: Einige der in diesem Buch beschriebenen Objekte sind mittlerweile gesichert, erschlossen und – meist über Führungen – für Besucher zugänglich.

Die besondere Aura verlassener Orte strahlen sie dennoch aus: Es sind Orte, die aus der Geschichte gefallen sind, an denen die Zeit stehen geblieben ist – und die einen nachdenklich werden lassen, wenn man die bedrückende Schwere ihrer Vergangenheit spürt. In Zeiten, in denen Sympathien für autoritäre und totalitäre Systeme zusehends an Boden gewinnen, ist dies ganz besonders wichtig.

Die Zentrale des Ministeriums für Staatssicherheit

Dienstkomplex Berlin Normannenstraße

Das Rolltor schiebt sich ratternd nach oben und gibt den Blick auf einen besonderen Gebäudekomplex frei: Auf dem einst streng abgeschirmten Gelände an der Normannenstraße in Berlin-Lichtenberg eilten zwischen 1950 und 1990 täglich Tausende Mitarbeiter des Ministeriums für Staatssicherheit von und zu ihren Arbeitsplätzen in den verschiedenen Alt- und Neubauten.

Als die provisorische Volkskammer der DDR am 8. Februar 1950 die Gründung der Staatssicherheit beschloss, erhielt das Ministerium seinen Sitz in den Räumen des ehemaligen Finanzamts Lichtenberg in der Normannenstraße 22, das von da an »Dienstobjekt Normannenstraße« genannt wurde. Anfangs kaum wahrgenommen, prägte die Stasi-Zen-

Betreten verboten! Einer der modernen Neubauten der Stasi-Zentrale

GANG
GEN

trale bald das gesamte Viertel. Zahlreiche Gebäude und Grundstücke im Bereich der Rusche-, Normannen- und Magdalenenstraße wurden über die Jahre beschlagnahmt oder neu bebaut. 1989 gehörten insgesamt 29 Objekte mit 41 Einzelgebäuden, die sich über eine Fläche von 22 Hektar verteilten, zum Stasi-Gelände. Allein an diesem Standort arbeiteten damals täglich bis zu 7.000 der insgesamt 91.000 hauptamtlichen MfS-Mitarbeiter.

Im Zentrum des riesigen abgeschotteten Areals befand sich das sogenannte Haus 1, das 1960-62 errichtet wurde. Hier residierte Minister Erich Mielke. Heute ist das Haus 1 teilweise als Stasimuseum öffentlich zugänglich. Im ersten und dritten Stock sind Dauerausstellungen zur Struktur und Arbeitsweise der Stasi zu sehen. Im zweiten Stock, der sogenannten Minister-Etage, können die Diensträume Erich Mielkes besichtigt werden, deren Einrichtung größtenteils original erhalten ist. Im Haus 7, in dem das Bundesarchiv die erhaltenen Stasi-Unterlagen sortiert, zum Teil digitalisiert und zugänglich macht, gibt es eine weitere Ausstellung zur Arbeitsweise der Geheimpolizei der DDR. Daneben informiert eine Ausstellung im Innenhof über die friedliche Revolution in der DDR.

Sitzecke im Bürotrakt des Ministers Mielke

Nicht alle Gebäude des riesigen Komplexes erfuhren eine Nachnutzung. Das Haus 18 zum Beispiel: In dem als Dienstleistungs- und Versorgungstrakt errichteten Gebäude, standen ab 1982 Speisesäle, ein Konferenzzentrum, Einkaufsmöglichkeiten sowie eine Ladenzeile mit Friseursalon, Reisebüro, Souvenirshop und Buchhandlung ausschließlich den Ministeriumsmitarbeitern zur Verfügung. Neben einem Friseurbesuch konnten in unterschiedlichen Geschäften Lebensmittel und Konsumgüter erwor-

Vorige Doppelseite: Haus I (rechts im Bild), künstlerisch abgestempelt

Schleusenbereich des Bunkers auf dem Gelände der Stasi-Zentrale

ben werden, die es in normalen Kaufhallen – so die Bezeichnung für die ostdeutschen Supermärkte – nicht immer gab.

Als am 15. Januar 1990 Demonstranten das Areal stürmten, wurden sie vermutlich gezielt in Haus 18 gelotst. Es war sichtbar eines der größten Gebäude, enthielt aber die unkritischsten Bereiche, denn geheime Akten gab es in diesem Trakt keine. Doch der aufgebrachte Mob zog vornehmlich hier von Raum zu Raum und plünderte alles, was nicht niet- und nagelfest war. Ein Fernsehteam dokumentierte diese Stunden. Heute ist das Gebäude verlassen. Die fensterlosen Gänge sind dunkel, nur hier und da flackert eine Lampe. Eine Sanierung wäre einfach zu kostspielig.

Zu den weniger bekannten Gebäuden zählt auch das Haus 8, in dem sich, verborgen unter den einstigen Arbeitsräumen der hauptamtlichen Mitarbeiter, ein Bunker erstreckt. Während man dem Volk nur in wenigen Fällen Schutzräume für einen Katastrophenfall zugestand, sorgte man sich durchaus um die eigene Sicherheit. Der in den 1970er-Jahren errichtete Bunker erstreckt sich über zwei Etagen. Die fast quadratische Anlage (24 mal 23 Meter) umfasst rund 50 Räume. Man verzichtete beim Bau auf massive Wände und Decken und setzte ganz auf Tarnung. Die Außenwände im MfS-Bunker in der Normannenstraße sind gerade einmal 40 Zentimeter dick, die Deckenstärke beträgt 50 Zentimeter. Die Bunkeranlage war aber auch nur für die kurzzeitige Unterbringung einiger Stasi-Mitarbeiter gedacht. Die eigentliche geschützte Führungsstelle, »Objekt 5005«, befand sich ab Ende der 1980er-Jahre in der Nähe von Biesenthal, nördlich von Berlin, abgelegen im Wald.

Hinterlassene Akten der Stasi

Das ehemalige Stasi-Gelände ist zwar kein Lost Place, aber für alle Geschichtsinteressierten lohnt es als authentischer und wenig überbauter Ort der DDR-Geschichte durchaus den Besuch.

MK

Rechercheplätze im heutigen Bundesarchiv

Mielkes letztes Resort

Stasi-Ferienobjekt Buchheide bei Templin

Unerwartete Geräusche irritieren. An verlassenen Orten erst recht. Und wenn man sie nicht zuordnen kann, ganz besonders. Was sind das für schnelle, laute Schritte, die da über den harten Betonboden klackern? Rennt hier jemand? Etwa eine Frau in hohen Schuhen? Flieht sie? Geschieht hier etwas Furchtbares? Was ist los in diesem leeren Saal in dieser düsteren Betonruine? Eine Gestalt rennt vorbei. Eine Gestalt mit braunem Fell, schlanken Beinen und großen Ohren. Und so schnell, wie das Reh in die Halle gekommen ist, springt es auch wieder durch eines der unzähligen großen Fenster, in denen noch nie eine Scheibe war, hinaus. Binnen weniger Sekunden hat es den nie fertig gestellten Wellnessbereich durchquert – in einem Haus, das sich die Natur zurückeroberte, bevor es jemals auch nur einen Menschen beherbergt hat.

Führte nie Wasser: Der Pool im Wellness-Bereich

Es war ungünstiges Timing, das den Bau nie über den Rohzustand hinauskommen ließ. Denkbar ungünstiges Timing. Hinterher weiß man es natürlich besser: Mit dem gesammelten Wissen der Geschichte im Gepäck ist jedem klar, dass ein Ferienheim, das das Ministerium für Staatssicherheit im Jahr 1989 für seine Mitarbeiter bauen ließ, kaum Chancen hatte, je seiner Bestimmung übergeben zu werden. Der Lauf der Geschichte machte das Projekt zu einem mehr als absurden Vorhaben.

Idyllisch im Naturschutzgebiet Buchheide südlich von Templin liegen die Reste des nie fertiggestellten Hotels. Der Lübbesee ist nur ein paar Schritte entfernt. Heute erfreut dort ein beliebtes Strandbad nebst karibisch anmutender Bar die Badegäste. Wäre das Objekt fertiggestellt worden, hätte das wohl das Ende des öffentlichen Badevergnügens bedeutet. Exklusiv hätten sich dort Mitarbeiter des MfS von der anstrengenden Arbeit des Bespitzelns und Zersetzens erholen können. Sie wären unter sich geblieben – wie in zahlreichen anderen Einrichtungen, die es in der ganzen DDR gab.

Eine klare Trennung zwischen Arbeit und Privatleben war bei den hauptamtlichen Mitarbeitern des MfS nur schwer möglich. Als Menschen, die die Überwachung ihrer Mitmenschen organisierten, unterlagen sie auch selbst strengen Restriktionen. Zu viele Kontakte zur werktätigen Bevölkerung wurden als problematisch empfunden, also achtete das Ministerium darauf, dass sein Personal sich auch nach Dienstschluss – so gut es ging – nur unter seinesgleichen bewegte. Das betraf natürlich auch die Ferien. Stasi-Majore, die auf einem Zeltplatz an der Ostsee oder am Balaton nach ein paar Bierchen mit dem Zeltnachbarn auch mal über Berufliches plaudern, wären ein Sicherheitsrisiko gewesen. Schon 1954 gab es daher eine Richtlinie des damaligen Staatssekretariats für Staatssicherheit (SfS), das den »Aufenthalt in den Ferienheimen des SfS« regelte. Und wie von der Stasi nicht anders zu erwarten, war alles durchorganisiert: Die »Abteilung Versorgungsdienste der Verwaltung Rückwärtige Dienste (VRD)« war für den Unterhalt der Ferienheime verantwortlich und regelte die Platzvergabe. Und die Abteilung Finanzen des MfS überprüfte akribisch die Abrechnungen.

Ein gutes Dutzend Ferienobjekte betrieb die Stasi – überwiegend in beliebten Ferienregionen wie dem Harz oder an der Ostsee. Dazu kamen weitere Heime, die einzelne Hauptabteilungen oder MfS-eigene Betriebe unterhielten. Wer dort Urlaub machte, war gut abgeschirmt: Die

Gelände waren umzäunt, außer den Gästen und dem Personal durfte sie niemand betreten. Dass nach 1989 in den meisten Objekten auch Abhöranlagen gefunden wurden, überrascht nicht wirklich. Auch die eigene Belegschaft wollte Erich Mielkes »Firma« schließlich gut im Blick haben. Dafür lag die Ausstattung vieler Heime deutlich über dem DDR-üblichen Standard. Dank eigener Restaurants, Bars, Schwimmbäder, Saunen oder auch Friseuren und Ärzten genossen die Spitzel der klassenlosen Gesellschaft eine ganz besondere Form des All-inclusive-Urlaubs.

Der Bedeutung der Ferienheime war man sich beim MfS durchaus bewusst: In einer Sitzung der Ferienheim-Leiter war noch Ende 1988 von »der Vervollkommnung der Dienst- und Lebensbedingungen der Angehörigen des MfS als eine Schwerpunktaufgabe der Rückwärtigen Dienste« die Rede. Durch sie werde die »Kampfkraft des MfS« gestärkt. Das Personal der Heime erfüllte folglich eine »tschekistische Kampfaufgabe«.

Opulent wäre auch die Liegenschaft in der Buchheide geworden. Neben dem Bettenhaus sollte ein großzügiger Trakt mit Pool und Wellness-Angeboten entstehen. Ein gläserner Treppenturm hätte in den Speisebereich geführt. Heute wachsen Bäume zwischen den rostigen Treppenwangen und verleihen dem rohen Betonbau den Charme einer verwunschenen Dschungelruine. Etwas enttäuschend hingegen wirken die Zimmer. Zwar gibt es meist einen Balkon, die Größe der Räume aber würde nach den heutigen Regeln der Hotelklassifizierung allenfalls für zwei Sterne reichen. Dafür locken sie jetzt mit Kunst am Bau: Graffiti-Künstler haben die abgelegene Ruine im Wald für sich entdeckt.

Wartet bis heute auf Gäste: der Bettentrakt

Auch beim Äußeren des Ferienobjekts zog die MfS-eigene Baufirma

Folgende Doppelseite: Die Bauruine wächst langsam zu

Urwald-Atmosphäre im Treppenschacht

»Spezialhochbau Berlin« nicht alle Register: Schlichte Waschbetonelemente prägen das Äußere. Inzwischen überdeckt wilder Wein gnädig das architektonisch fragwürdige Ensemble. Und ein ungestört wuchernder Naturwald versperrt den unverbaubaren Blick zum Seeufer.

Zum Wachsen hatte er über 30 Jahre Zeit. Kurz nach dem Sturm auf die Stasi-Zentrale im November 1989 wurden auch die Bauarbeiten am Hotel eingestellt – in der Normannenstraße hatte man jetzt andere Sorgen als den Bau eines weiteren Ferienheims. Beim Gang durch die langen Flure und die nie bezogenen Zimmer erkennt man genau, wo die Arbeiten endeten: Manche Bäder haben Fliesen, manche Balkons Geländer – andere nicht. Und halbfertige Treppen machen den Aufstieg in die oberen Stockwerke zur sportlichen Herausforderung.

Während andere einstige Stasi-Ferienheime heute als exklusive Hotels mit bewegter Vorgeschichte weiter betrieben werden, fand sich in der Buchheide bislang niemand, der Mielkes letztes Resort zu Ende bauen wollte. Ein Schweizer Unternehmen soll die Ruine zwar für 850.000 Mark gekauft haben – aber das war's dann auch. Und so entstand statt einer abgeschirmten Stasi-Herberge ein offenes Haus mitten im Wald. Die Rehe haben ihre Freude dran. *AS*

Das exklusive Krankenhaus der Stasi

Krankenhaus Berlin-Buch

Unter der 115 ist heute niemand mehr zu erreichen – bis 1990 aber war das die Notrufnummer der DDR. In den Leitstellen des Schnellen Medizinischen Dienstes koordinierten die Mitarbeiter Rettungsmaßnahmen für alle medizinischen Notfälle im Land und stellten sicher, dass die Patienten vom Rettungsdienst wenn nötig ins Krankenhaus gebracht wurden. Drei Sonderkrankenhäuser waren jedoch für die normale Bevölkerung nicht zugänglich: die Regierungskrankenhäuser in Berlin-Mitte und in Buch sowie das Krankenhaus der Stasi. Letzteres wurde offiziell »Krankenhaus des Ministerrats der DDR« genannt und war, wie die Poliklinik Berlin-Lichtenberg und das Haftkrankenhaus Berlin-Hohenschönhausen, dem Zentralen Medizinischen Dienst (ZMD) des MfS unterstellt.

Blick auf den Bettentrakt des einstigen Stasi-Krankenhauses

Zerstörungswut. Blick in die ehemalige Hauptwache an der Zufahrt zum Gelände

Schon ein Jahr nach der Gründung der DDR wurde 1950 das offizielle Regierungskrankenhaus in Berlin-Mitte eröffnet, in dem Politiker, Künstler, Wissenschaftler und westdeutsche Mitglieder der KPD behandelt wurden. 1967 gründete die DDR in Buch eine zweite Regierungsklinik inklusive Atombunker, die nur den wichtigsten führenden Persönlichkeiten vorbehalten war. Ab 1980 residierte unweit dieses Regierungskrankenhauses der ZMD in einem eigenen Neubau. Versteckt in einem Waldgebiet wurden hier ehemalige und aktuelle Mitarbeiter der Staatssicherheit und zum Teil auch deren Angehörige behandelt. Die Anstalt verfügte über knapp 300 Betten, zehn Krankenwagen standen zur Verfügung. Die technische Ausstattung war auf höchstem Niveau – kein Vergleich zu den regulären Gesundheitseinrichtungen, die der normalen Bevölkerung vorbehalten waren.

Im Stasi-Krankenhaus waren besondere Sicherheits- und Geheim-

Vorige Doppelseite: Luftbild des nur kurzzeitig öffentlich zugänglichen Geländes

Operations- und Behandlungstrakt des ehemaligen Stasi-Krankenhauses

haltungsmaßnahmen notwendig. Die rund 650 Mitarbeiter, die für die Versorgung der Patienten und den Betrieb des Krankenhauses zuständig waren, wurden deshalb nur nach eingehender Prüfung eingestellt und regelmäßigen Tests unterzogen. Für das Sicherheitspersonal gab es auf dem Gelände eine Waffenkammer. Außerdem existierte im Krankenhaus eine »Sonderstation«. Was dort genau passierte, ist aber bis heute nicht bekannt.

Nach der Wende wurden die Kliniken erst dem zivilen Klinikum Buch zugeordnet und 2001 mit diesem zusammen an den Krankenhauskonzern Helios verkauft. Seit 2007 stehen die Gebäude leer. Immer mal wieder gab es historische Führungen und Fototouren über das Gelände, ansonsten ist das Gelände abgeriegelt.

Vor Eindringlingen schützt das aber nicht. Unzählige Schrottdiebe und Sprayer haben hier in den letzten Jahrzehnten ihre Spuren hinterlassen. Dank ihnen und der diversen Sanierungsmaßnahmen in den 1990er-Jahren ist von der ursprünglichen Ausstattung nichts mehr zu erken-

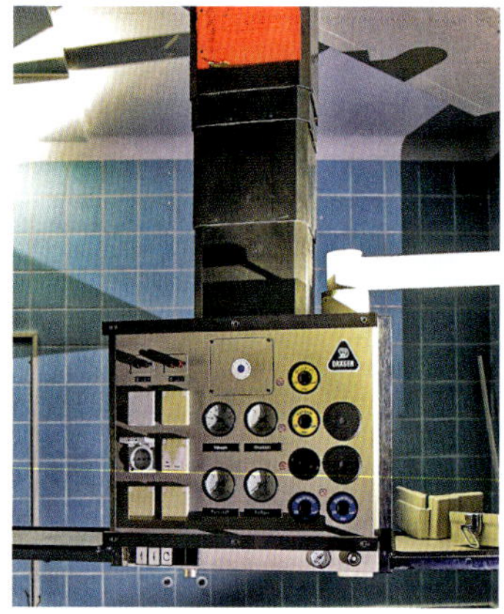

Street Art in einem der ehemaligen Operationssäle

nen. Lediglich ein abstraktes Relief geschwungener Linien im Eingangsbereich ist nahezu unberührt erhalten geblieben.

2019 tauchte ein weiteres Überbleibsel aus DDR-Zeiten auf: In alten Aktenschränken wurden Tausende Patientenakten gefunden, die ältesten stammten aus den 1960er-Jahren. Die über 25.000 Akten unterlagen eigentlich strengen Datenschutzregeln – waren bei der Räumung aber wohl vergessen worden.

Der Berliner Senat plant seit einigen Jahren den vollständigen Abriss beider Gebäudekomplexe, um auf dem Areal Wohn- und Geschäftshäuser zu errichten. Die Bagger sollen in den nächsten Jahren anrollen. Bis dahin hört man hier nur das Zwitschern der Vögel oder das Zuschlagen eines Fensters, wenn der Wind ungünstig steht. Zeit vergeht und auch sie heilt so manche Wunde. *MK*

Der geheimste Bunker des Ministeriums für Staatssicherheit

»Objekt 5005« bei Biesenthal

Die tonnenschwere Stahltür quietscht beim Aufziehen und gibt den Blick auf einen tiefdunklen Gang frei. Kein Sonnenstrahl, kein Restlicht von der Oberfläche dringt hier hinunter. Die Luft im Bunker ist kalt und muffig.

Anlagen wie diese gab es an zahlreichen Standorten in der DDR: Bunker für das Militär, unterirdische Mobilmachungslager, Bunker der sowjetischen Besatzungstruppen oder einfachere Schutzkeller für die paramilitärischen Kampfgruppen, die in jedem größeren oder strategisch wichtigen Betrieb unterhalten wurden. Auch alle wichtigen Staatsorgane, einzelne Ministerien oder andere Verwaltungseinheiten, erhielten entsprechende Schutzbauten.

Dem Ministerium für Staatssicherheit kam dabei als »Schild und Schwert der Partei« eine besondere Rolle zu. So entstanden nicht nur in

Massive Drucktüren sicherten den Zugang zum Stasi-Bunker

Kommandosaal und Schlafraum im verlassenen Bunker

den einzelnen Bezirken der DDR sogenannte »Ausweichführungsobjekte« der jeweiligen MfS-Bezirksverwaltung, auch das Ministerium selbst erhielt einen eigenen, weitaus größeren unterirdischen Führungsbunker: das »Objekt 5005« bei Biesenthal, auch Bunker »17/5005« genannt. Hier im Märkischen Sand wurde als eines der letzten Großbunkerprojekte der DDR zwischen 1984 und 1988 unter größter Geheimhaltung ein bombensicherer Zufluchtsort für die wachsamen Augen und Ohren der ostdeutschen Geheimpolizei errichtet. Auf zwei Etagen sollten Minister Erich Mielke und sein Arbeitsstab auch im Kriegs- und Katastrophenfall ideale Arbeitsbedingungen vorfinden, um vermeintliche Feinde und Verräter des sozialistischen Friedensstaates im In- und Ausland aufzuspüren.

Das mit mehreren Zäunen hermetisch abgeriegelte, 77 Hektar große Gelände war in eine sogenannte Unterkunfts- und eine Parkzone unterteilt. In der Unterkunftszone gab es neben der Wache zahlreiche Wohnblöcke, eine Kantine samt Wirtschaftsgebäuden sowie einen Garagentrakt, um das Objekt glaubhaft als Kaserne zu tarnen. Das eigentliche Schutzbauwerk befand sich innerhalb der Parkzone, die von einer sogenannten Hochspannungssicherungsanlage mit drei weiteren Zäunen umgeben war. Der innere der drei Zäune stand unter Spannung, um neu-

Rechte Seite: Kantinengebäude auf dem Areal des Stasi-Bunkers bei Biesenthal
Vorige Doppelseite: Kasernengebäude als Tarnung des Bunkergeländes

gierige Besucher auch wirklich fernzuhalten. Neben dem unterirdischen Bunker wurde in dieser besonders geschützten Zone auch ein vierstöckiges oberirdisches Stabsgebäude errichtet. Hätte man in einer angespannten Lage den Ministeriumssitz in Berlin räumen müssen, hätte man von hier aus arbeiten können. Stabsgebäude und Bunker waren unterirdisch durch einen knapp 50 Meter langen Tunnel miteinander verbunden.

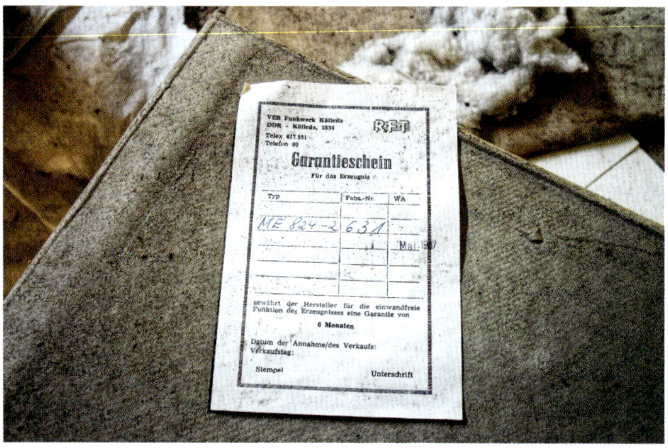

Garantiescheine waren auch der Stasi wichtig!

Das Schutzbauwerk selbst war für bis zu 160 Personen konzipiert. Rund 2.500 Quadratmeter an Funktions- und Technikräumen für den Betrieb des Bunkers sowie zahlreiche Arbeits- und Ruheräume für die Mitarbeiter standen zur Verfügung. So sollte im bombengeschützten Untergrund die Arbeitsfähigkeit des Ministeriums für bis zu vier Wochen sichergestellt werden. Dabei konnte der Bunker auch einmalig für 24 Stunden vollständig von der Außenwelt abgeschottet werden.

Etwa 120 Millionen Mark kostete der Bau dieser Hochsicherheitsanlage. Durch die späte Fertigstellung im Jahr 1988 und den Untergang des DDR-Regimes kam die Anlage nie zum Einsatz. An eine Umwidmung zum Museum oder zu einer Gedenkstätte war 1990 noch nicht zu denken. Es folgte erst die Übernahme des Geländes durch die Bundeswehr, dann der Teilrückbau und letztlich die Schließung.

Erst 15 Jahre später kamen Bunkerspechte und zerstörten die konservierte Zeitkapsel. Es folgten Abenteurer auf der Suche nach Motiven oder materiellen Souvenirs. Irgendwann tauchten auch die Schrottdiebe auf, die ihren Lebensunterhalt mit dem Raub von Buntmetallen bestreiten. Hin und wieder fanden in den Jahren darauf sogenannte Kontrollbegehungen statt, bei denen das Bauwerk unter fachkundiger Führung besichtigt werden konnte. Dennoch ist das »Objekt 5005« noch heute ein authentisches Relikt aus den Zeiten des Kalten Krieges. *MK*

Der Ort des endlosen Wartens

GÜSt Helmstedt-Marienborn

Wer hier einmal warten musste, wird es nie vergessen. Wer in die DDR wollte, bekam schon Kilometer vor der Grenze Beklemmungen. Und dann das Warten. Nur meterweise ging es vorwärts. Zeit zum Grübeln: Hatte man auch wirklich nichts im Gepäck, das für Ärger sorgen könnte – Zeitungen zum Beispiel? Hatte man alle Formulare richtig ausgefüllt? Würde ein falscher Blick oder ein falsches Wort die Einreise um Stunden verzögern oder gar ganz vereiteln? Ganz zu schweigen von den Ängsten derer, die die DDR an diesem Ort verlassen wollten: Klappte es wirklich? Ging doch noch etwas schief? In letzter Minute, auf den letzten

In gelblichem Licht: Abfertigungsbereich der GÜSt

3

4

Metern vor der Grenze, die seit 1949 BRD und DDR teilte? Eine Grenze, die als unüberwindbar galt, und an deren wenigen Durchlässen Kontrollposten entstanden waren, deren Größe fast an die einer Kleinstadt heranreichte. Ein Ort, dessen Absurdität kaum fassbar ist.

Die Grenze verschwand am 3. Oktober 1990, die Kontrollen wurden schon Monate davor abgeschafft. Was blieb, ist der Asphalt. Quadratkilometergroße Flächen, auf denen einst gewartet, gebangt und geflucht wurde. Die Spuren einer endlosen Versiegelungsorgie – gefeiert in einem Staat, in dem sonst Baustoffe knapp waren und so manche Ortsdurchfahrt auf eine feste Fahrbahnoberfläche verzichten musste. Doch für die Sicherung der deutsch-deutschen Grenze war nichts zu teuer, war der allgegenwärtige Mangel an Material und Personal kein Thema.

Der Grenzübergang Helmstedt-Marienborn ist ein Produkt der frühen 1970er-Jahre – einer Zeit, in der die Teilung Deutschlands für alle Ewigkeiten festgeschrieben schien, der Westen sich langsam mit den Realitäten abfand und die DDR sich stolz über eine Anerkennung nach der anderen freuen konnte – bis hin zu der durch die UNO 1973. Während die deutsche Teilung also zusehends den Charakter des Provisoriums verlor, nahm gleichzeitig der Verkehr zwischen West und Ost zu. Dass es zwei deutsche Staaten gab, wurde als Normalität empfunden. Die erste Generation, die nichts anderes kannte, war schon erwachsen. So lag es nahe, auch den wenigen Übergängen zwischen den deutschen Staaten einen dauerhaften Charakter zu verleihen. Bis dahin nämlich war der Übergang zwischen dem ostdeutschen Dorf Marienborn und der westdeutschen Kleinstadt Helmstedt eine eher improvisierte Einrichtung gewesen.

Zwischen 1972 und 1974 wurde die neue »Grenzübergangsstelle« errichtet – und die DDR legte Wert auf genau diesen Terminus, auch als »GÜSt« abgekürzt. Er unterstrich schließlich, dass zwischen BRD und DDR eine echte Grenze zwischen zwei souveränen Staaten existierte. Genau aus diesem Grund sprach man im Westen weiterhin konsequent von einem »Kontrollpunkt« oder – in der Terminologie der Allierten – dem »Checkpoint Alpha«.

Die Dimensionen der Anlage hatten freilich wenig mit dem zu tun, was man sich gemeinhin als Kontrollpunkt vorstellt: Auf einer Fläche

Vorige Doppelseite: Wo einst Tausende warteten, herrscht heute Leere

von 35 Hektar gab es nicht nur die gigantischen Abfertigungshallen, Verwaltungsgebäude, Kasernengebäude und Werkstätten: Unter der Erde erstreckte sich auch eine vier Kilometer lange Tunnelanlage. Laut einem Plan des MfS aus dem Jahr 1978 hätten überraschend an allen Ecken des Areals auftauchende Soldaten die NATO-Truppen verwirren sollen. Außerdem konnte man in den Tunneln unauffällig diejenigen aus dem Sichtfeld verschwinden lassen, die der »Republikflucht« verdächtigt wurden. Vor den Blicken der Reisenden verborgen blieb auch ein unterirdisches Kraftwerk, das den gigantischen Strombedarf der GÜSt deckte: Vor allem die Flutlichtanlagen, die das Areal rund um die Uhr in gleißende Helligkeit tauchten, verbrauchten so viel Strom wie eine 20.000-Einwohner-Stadt.

Einer der gigantischen Lichtmasten liegt heute am Boden: gefällt, unnütz und verrostet. Dorthin, wo einst Tausende warteten, verirren sich heute nur noch ein paar Besucher, die die zur Gedenkstätte hergerichtete Anlage besichtigen. Wo Blechlawinen aus dem Westen im Schritttempo entlangrollten, herrscht Leere. Nur das fahl-gelbe Licht, das durch die Kunststoffdächer der Abfertigungshallen dringt, ist noch dasselbe wie

Dauerhaft geschlossen: Schalter am Kontrollhäuschen

damals. Auch die endlosen Förderbänder, auf denen die Reisepässe von Station zu Station ruckelten, sind noch da. Und in den barackenartigen Pavillons hängt bis heute der Muff der Kunststoffböden aus VEB-Produktion.

Bis zum 30. Juni 1990 arbeiteten hier über 1.000 Menschen – Mitarbeiter des Zolls, der Grenztruppen, vor allem aber auch der Staatssicherheit. Rund die Hälfte des Personals in Marienborn unterstand dem MfS. Denn das wollte über alles informiert sein, was sich am wichtigsten Grenzübergang und an der Transitstrecke nach West-Berlin abspielte.

Erst nach der Wiedervereinigung kam ans Licht, welche Methoden dabei angewandt wurden. Dass man unzählige Fahrzeuge ohne Wissen der Reisenden bestrahlte, wurde erst bekannt, als die Gerätschaften schon abgebaut waren: In grauen Kästen über der Fahrbahn waren Röntgengeräte eingebaut, die die wartenden Fahrzeuge durchleuchteten.

Wie stark die verwendete Strahlung und somit auch die Gesundheitsrisiken waren, ist bis heute unbekannt. Den Tatbestand der Körperverletzung erfüllte das ungefragte Röntgen trotzdem – und zwar in bis zu zwölf Millionen Fällen pro Jahr. So viele Menschen passierten nämlich in den 1980er-Jahren den Übergang. Nahezu alle von ihnen waren Bürger der Bundesrepublik, denn der Verkehr über Helmstedt-Marienborn blieb bis zum Schluss ein weitgehend westdeutsches Phänomen. Bürger der DDR durften schließlich nur in seltenen Ausnahmefällen ausreisen. Und so blieb auch die GÜSt für die meisten Ostdeutschen ein unbekanntes Stück DDR. »Marienborn gab es für die in der DDR nicht«, sagt Matthias Ohms, heute stellvertretender Leiter der Gedenkstätte in einem Fernsehinterview. »Es war ein Ort, der für DDR-Bürger nicht existent war.«

Annemarie Reffert war eine der letzten DDR-Bürgerinnen, für die die Ausreise über Marienborn ein Abenteuer war: In der Nacht des Mauerfalls fuhr die Ärztin aus Gommern-Vogelsang zusammen mit ihrer Tochter spontan zur Grenze, um zu sehen, ob es wirklich stimmte, was sie im Autoradio ihres Wartburg gehört hatte. Ob man wirklich »ab sofort, unverzüglich« in den Westen könne, wie es ZK-Mitglied Günter Schabowski gerade verkündet hatte? Man ließ sie passieren. Am nächsten Morgen war sie wieder an ihrem Arbeitsplatz. Und in Marienborn stauten sich die Trabbis und Wartburgs auf den Asphaltflächen, auf denen zuvor vor allem Westwagen gewartet hatten. *AS*

Das Jagdschloss und die geheimen Bunker

Erholungsobjekt Dammsmühle

Das Auto rollt über einen Plattenweg. Dadumm dadumm, jede Fuge zwischen den Platten überträgt sich unweigerlich auf die beiden Achsen des Wagens. Stünden heute noch Wachposten an den Objektgrenzen, würden sie schon von Weitem hören, wenn sich ein Fahrzeug nähert.

Der Wald wird hier nördlich Berlins immer dichter und dichter. Nur ab und zu tun sich Sichtachsen auf, durch die man die ersten Gebäude erkennen kann. Denn das Areal rund um den Mühlenteich bei Dammsmühle ist gespickt mit verlassenen Objekten, die an die interessante Geschichte dieses Ortes erinnern.

Mystisches Licht über dem Schloss Dammsmühle

Schloss Dammsmühle wurde mehrfach umgebaut und erweitert

Nur wenige Meter vom Westufer des Sees entfernt steht bis heute das Schloss Dammsmühle – wenn auch nicht in seiner ursprünglichen Form. 1786 als zweigeschossiges Palais vom Berliner Lederfabrikanten Peter Friedrich Damm errichtet, wurde das Gebäude nach dessen Tod vom Gutsbesitzer Adolf Wollank im neobarocken Stil aus- und umgebaut. 1929 erwarb der britische Unternehmer Harry Goodwin Hart die weitläufige Liegenschaft. Da er mit einer jüdischen Frau verheiratet war, wurde er 1940 von den Nationalsozialisten enteignet. So gelangte das Anwesen in den Besitz von Heinrich Himmler, der das Schloss umbauen und instand halten ließ, dazu kamen auch Häftlinge aus dem KZ Sachsenhausen zum Einsatz.

Nach dem Zweiten Weltkrieg nutzte die Sowjetarmee das Schloss erst als Lazarett, dann als Erholungsheim und Casino. In den 1950er-Jahren waren hier eine Bildungsstätte und ein Pionierlager angesiedelt, bis das Gelände 1959 in den Besitz der Stasi gelangte und von der Öffentlichkeit abgeriegelt wurde.

Vorige Doppelseite: Blick über das Areal mit Schloss und Nebengebäuden

Bunkerbauteile als Absperrung vor einem Neubau aus den 1970er-Jahren

Das imposante Hauptgebäude diente von nun an bis 1989/90 als mondänes Erholungsobjekt für die führenden Mitarbeiter des MfS. Minister Mielke ließ das Schloss aufstocken, wobei das historische Mansarddach durch eine weitere Etage und ein begehbares Flachdach ersetzt wurde. Mit einem kleinen Wellnessbereich im Keller, einer Kegelbahn und einem angebauten großzügigen Speisesaal wurde es zu einer der beliebtesten Feierstätten der DDR-Nomenklatura. Die ehemaligen Wohnräume im Schloss dienten auch als Gästezimmer. Die einsame Lage am See und die Nähe zur Waldsiedlung Wandlitz lassen erahnen, welche Gäste hier regelmäßig empfangen wurden.

Nicht weit vom Hauptgebäude befindet sich ein Neubau des MfS. Vermutlich waren hier die Teilnehmer der Sprachenschule der Stasi untergebracht, die 1967 Teile der Anlage bezog.

Anfang der 1980er-Jahre wurde Dammsmühle als Standort für eine Ausweichführungsstelle des Ministeriums für Staatssicherheit (»Objekt D 78«) bestimmt: Bis zur Fertigstellung des Großbunkers bei Biesenthal sollten die Aufgaben des Ministeriums im Kriegs- oder Katastrophenfall von Dammsmühle aus koordiniert werden. Von nun an wurden auf dem

Eingangsbereich zu einem Bunker auf dem Areal Dammsmühle

Gelände überwiegend unterirdische Bauwerke errichtet. Der große Bunker befindet sich auf Privatgrund und kann nicht besichtigt werden. Ein kleinerer Bunker, der vom Typ her wie alle Ausweichführungsstellen der Bezirksverwaltungen des Ministeriums errichtet wurde, ist bis heute sehr gut erhalten und wird gewerblich als Lager genutzt. Weitere Bunkeranlagen waren 1989/90 noch im Bau, doch diese Spuren sind längst beseitigt.

Das Schloss wurde nach der Wende kurzzeitig als Hotel betrieben und 1997 den Erben von Harry Goodwin Hart rückübertragen, die es bald darauf verkauften. Nach 2000 wechselte das Gelände mehrfach den Besitzer, zahlreiche Revitalisierungsversuche blieben erfolglos – das Haus steht seit Jahrzehnten leer. Gäste können hier schon lange nicht mehr feiern oder für eine Übernachtung einchecken.

Zuletzt wurde das Gelände von einer Eigentümergesellschaft um den Berliner Gastronom Roland Mary übernommen, der das »Borchardt« am Gendarmenmarkt betreibt. Ein zweistelliger Millionenbetrag soll investiert werden, um die Bauten zu restaurieren und das Areal als Hotel mit Gastronomie und Spa wiederzubeleben. Die Fassade des Schlosses ist bereits saniert worden. Vielleicht führt dieser Versuch also endlich zum Erfolg.

MK

Spitzel im Kernkraftwerk Nord

Objektdienststelle Lubmin

Beton, Beton und noch mehr Beton. Einen Meter dick ist die Stahlbetonwand, hinter der sich einst ein Kernreaktor verbarg. 1974 wurde hier bei Greifswald das das größte Atomkraftwerk der DDR in Betrieb genommen: das Kernkraftwerk »Bruno Leuschner«.

Mehrere Milliarden Mark investierte der Arbeiter- und Bauernstaat in Bau und Betrieb. Ein wirtschaftlicher und politischer Kraftakt. Kein Wunder, dass hier Stasi-Mitarbeiter zum Einsatz kamen. Wie im ganzen Land sollten auch in Lubmin alle Bedrohungen auf Betriebsebene frühzeitig aufgespürt und abgewehrt werden. Tief saß die Angst vor vom kapitalistischen Ausland gesteuerten Sabotageaktionen, die die Osttechnik diskreditieren sollten. Und auch unter der Belegschaft befürchtete man heimliche Saboteure, die im Stillen dem Betrieb und damit auch

Luftbild des ehemaligen Kernkraftwerks Nord bei Lubmin

dem Land Schaden zufügen könnten. Aufgrund seiner Wichtigkeit für die Stromversorgung galt bei diesem Objekt fast alles als sicherheitsrelevant – und bis zu 15.000 Beschäftigte ergaben zeitweise eine undurchschaubare Größe.

Wie viele andere systemrelevante Betriebe der DDR erhielt das Kernkraftwerk deshalb eine sogenannte Objektdienststelle, die nur für die Sicherung dieses Standorts zuständig war. Die ersten Objektdienststellen waren 1957 für die Chemiekombinate Buna und Leuna eingerichtet worden, die für das Kernkraftwerk »Bruno Leuschner« bei Lubmin, gegründet im Jahr 1981, war die letzte. Die Objektdienststelle befand sich hier in einer unscheinbaren Baracke im Wald am Rande des riesigen Geländes. 25 hauptamtliche und 300 Inoffizielle Mitarbeiter, die sich in typischer Arbeitskleidung unter die Angestellten mischten, waren Tag für Tag damit beschäftigt, die »Gefahrenabwehr« zu koordinieren. Zu wichtig war der Strom, den die Kraftwerksblöcke lieferten: In Spitzenzeiten deckten allein die vier Blöcke in Lubmin mehr als zehn Prozent des Strombedarfs der DDR.

Aus diesem Grund wurden alle Warnungen von Experten bezüglich der Sicherheit des Werks in den Wind geschlagen – zahlreiche Mahner wurden sogar mit Reiseverboten bestraft und an die kurze Leine genom-

Historisch korrekte Bezeichnung des Kernkraftwerks Lubmin

Hightech der 1970er-Jahre. Auch dieser Block wird demnächst demontiert

men. Dabei waren der Stasi und ihren leitenden Kollegen die Unzulänglichkeiten der Kernkraftwerke sowjetischer Bauart bekannt: Die aus den 1960er-Jahren stammende Technik in den Blöcken hätte auf die in den 1980er-Jahren üblichen Standards gebracht werden sollen, doch die notwendigen baulichen Anpassungen wurden verschleppt. Obwohl das Staatliche Amt für Atomsicherheit und Strahlenschutz der DDR insbesondere die zunehmende Versprödung der Reaktordruckbehälter in Lubmin mit großer Sorge beobachtete, verschob das Politbüro die notwendigen Anpassungen ein ums andere Mal.

Der Energiehunger wuchs von Jahr zu Jahr, und die Vorteile der Kernenergie wogen auch für die DDR-Führung schwerer als die Gefahren. Mit ernsthaften Problemen rechnete niemand, bis am 26. April 1986 Block 4 des Kernkraftwerks Tschernobyl explodierte. In der Folge wurde in unmittelbarer Nähe der Objektdienststelle Lubmin ein kleiner Bunker für knapp 50 Angehörige der Dienststelle gebaut. Hier gab es allerdings keinen geschützten Kontrollstand, der Bunker sollte den Mitarbeitern des MfS einfach einen sicheren Arbeitsplatz bieten.

Folgende Doppelseite: Rückbau vor Fertigstellung: die Blöcke 7 und 8

Blick in den im Abbruch befindlichen Atomreaktor im KKW Stendal

Als im Wendejahr 1989 Block 5 in den Probebetrieb ging, war Block 6 gerade im Bau, zwei weitere Blöcke waren bereits in Planung. Doch mit der deutschen Wiedervereinigung ließ der damalige Bundesumweltminister Klaus Töpfer 1990 alle Blöcke abschalten. Wenig später wurden Rückbau und Abbruch beschlossen. Ein weiteres kommerzielles Kernkraftwerk auf dem Gebiet der DDR bei Stendal wurde bis zur deutschen Wiedervereinigung nie fertiggestellt. Auch hier wurde nach 1990 nur der Abbruch beschlossen. Eine Mammutaufgabe, die nach aktuellen Kostenschätzungen bis zu sechs Milliarden Euro kosten wird.

Block 6, der 1989 kurz vor seiner Fertigstellung stand, kann heute nach Anmeldung besichtigt werden. Der Block enthielt nie Kernbrennstoff und bietet die einmalige Gelegenheit, ein Kraftwerk russischer Bauart zu besuchen. Daneben informiert ein Informationszentrum über den Standort und die Funktionsweise des Kernkraftwerks. Die Baracke und der Bunker der ehemaligen Objektdienststelle sind inzwischen abgerissen worden. *MK*

Das Gefängnis in der geheimen Stadt

Untersuchungshaftanstalt des MfS Hohenschönhausen

Die Werkzeuge des Systems kommen harmlos daher. Erschreckend harmlos. Fast schon rührend wirken die dreieckigen Kästen, unbeholfen zusammengelötet aus Lochblech und rotem Kunststoffglas. Man denkt an Relikte aus einer Lehrwerkstatt oder aus dem Werkunterricht. Doch die Kästen hängen nicht irgendwo, sondern im Stasi-Gefängnis Hohenschönhausen. Und sie waren Teil des Überwachungssystems eines der mächtigsten und gefürchtetsten Geheimdienste der Welt: In den endlosen Fluren des Gefängnisses leuchtete die rote Lampe immer dann, wenn ein Häftling gerade über den Gang geführt wurde. Für die Wärter war das das Signal, dass kein zweiter Insasse aus seiner Zelle geholt werden durfte. Zufallsbegegnungen zwischen den Gefangengen wurden so einfach, aber wirkungsvoll vermieden.

Eigenbau: Signallampe in den Fluren

332
331

Die scheinbare Harmlosigkeit der Apparaturen ist gefährlich. Zu schnell ist man bereit, das alles zu belächeln. Genauso wie die schräg einmontierten Steckdosen an der Wand oder die schlampig aus Linoleumresten zusammengestückelten Bodenbeläge. All das ist Lichtjahre entfernt von dem, woran man sonst beim Stichwort »Geheimdienst« denkt – zumindest wenn man im Westen sozialisiert und mit Hightech von James Bonds Exklusiv-Ausstatter Q groß wurde. Doch harmlos war hier gar nichts, in dieser kleinen Stadt in der Stadt. Abgeschottet arbeiteten hier Tausende von hauptamtlichen Stasi-Mitarbeitern an einem Ziel: Gegner des DDR-Regimes zu überwachen, zu verhaften, zu verhören und zu brechen.

Hohenschönhausen steht bis heute für die Praktiken eines Staats, der aberwitzige Mengen an Personal, Ressourcen, Geld und Energie darauf verwendete, jede Art von Opposition mundtot zu machen. Die Wurzeln dafür wurden schon vor Gründung der DDR gelegt: Unmittelbar nach dem Ende des Zweiten Weltkriegs baute das Sowjetische Volkskommissariat für Innere Angelegenheiten (NKWD) eine von der NS-Volkswohlfahrt gebaute Großküche zum Gefängnis um. Die angrenzenden Straßen wurden Sperrgebiet, rund 100.000 Quadratmeter verschwanden hinter Bretterzäunen.

Zurückgelassen: Ausstattung im Fotolabor

1951 verlegte die sowjetische Geheimpolizei ihren Sitz nach Karlshorst, das Gefängnis in Hohenschönhausen wurde zur zentralen U-Haftanstalt der Staatssicherheit. Die Gebäude der Sowjets nutzte man weiter, 1960 kam der neue Gefängnisbau mit 106 Zellen und 115 Vernehmungsräumen dazu. Zeitgleich wurde das Haftkrankenhaus gebaut und bis 1989 komplett von Ärzten und Pflegepersonal im Dienst der Stasi betrieben.

Vorige Doppelseite: Große Teile des Komplexes sind noch komplett unsaniert

DDR-Design: Ärztebüro im Krankenhaustrakt

Endlose Gänge. Vergitterte Treppenhäuser. Zellen, bei denen Glasbausteine die Fenster ersetzen und nicht einmal den Blick in den Hof zulassen. Und Schreibtischungetüme in den Verhörräumen, klobige Albträume aus dem DDR-typischen Kunstholz Sprelacart. Auch nach Jahrzehnten glaubt man, die einstige Atmosphäre physisch zu spüren und den Geruch von Angstschweiß und unzähligen Zigaretten riechen zu können. Vor dem inneren Ohr spulen sich die aus ungezählten Stasi-Filmen bekannten Worthülsen in Dauerschleife ab. Die Vergangenheit ist hier mehr als präsent. Zwar wurden viele Räume behutsam saniert und sind als Gedenkstätte zugänglich, das Inventar ist aber noch weitgehend erhalten: die unbequemen Stühle, auf denen die Gefangenen ihre schlimmsten Stunden durchlitten. Die Telefone und Schreibtischlampen ihrer Peiniger. Und die Schreibmaschinen, mit denen das Unrecht in regalkilometerlangen Aktenbeständen verewigt wurde. Dann sind da noch die komplett unsanierten Stockwerke. Hier hängen noch die selbstgebastelten Alarmanlagen aus Drähten und Kontakten an der Wand, mit denen Stasi-Mitarbeiter im Falle des Aufbegehrens schnell Hilfe holen konnten. Und über allem wabert bis heute der ätzende Geruch des sich langsam zersetzenden Linoleums.

Rund 11.000 Menschen waren hier bis 1990 inhaftiert. Viele leiden bis heute darunter. Wer die Gedenkstätte im Rahmen einer regulären Führung besucht, lernt ihre Geschichten kennen. Ehemalige Gefangene führen durch die Räume und erzählen, was ihnen widerfahren ist: Sie berichten von stundenlangen Verhören, von Schlaf- und Essensentzug, von Isolation. Von Irrfahrten in abgedunkelten Fahrzeugen, um das Ziel der Fahrt zu verschleiern. Von fingierten Anrufen über Unglücke enger Angehöriger. Und dabei traf es normale DDR-Bürger nach gescheiterten Fluchtversuchen genauso wie prominente Bürgerrechtler oder Funktionäre, die von der Linie abwichen. Zu den Insassen von Hohenschönhausen gehörten unter anderem der stellvertretenden KPD-Vorsitzende Fritz Sperling, der Autor Rudolf Bahro oder die Künstlerin Bärbel Bohley.

Heute geöffnet: Zellentür

All das geschah in einem Bezirk, der für die Berliner ein weißer Fleck auf der Karte war – im wahrsten Sinne des Wortes. Auf den offiziellen Stadtplänen der Hauptstadt der DDR waren weder das Untersuchungsgefängnis noch die umgebenden Straßen eingetragen. Denn in direkter Nachbarschaft zur Haftanstalt hatte das MfS ganze Straßenzüge belegt: Der hier angesiedelte »Operativ Technische Sektor« (OTS) fertigte Geheimdiensttechnik wie Kameras oder die berüchtigten Brief-Aufdampfgeräte. Die Zentrale Ermittlungsabteilung (HA IX) steuerte Maßnahmen gegen Ausreisewillige und Oppositionelle. Das geheime NS-Archiv sammelte Daten über die NS-Vergangenheit Westdeutscher, die je nach Bedarf gezielt an Medien weitergeleitet wurden. Und bis 1950 befand sich direkt neben dem Gefängnis die Verwaltung aller sogenannten sowjetischen »Speziallager«, in denen Zehntausende ums Leben kamen.

Linke Seite: Unüberwindbar. Gebäude an der Hofseite

Grenze in der Stadt: Wachturm an der Außenmauer

Während das ehemalige Stasi-Gefängnis heute auf der Agenda vieler Berlin-Besucher steht, verschwinden andere Relikte der geheimen Stadt langsam aus dem Straßenbild. Große Teile des OTS sind abgerissen, die ehemalige Computerzentrale rottet vor sich hin, die Großkantine ist schon länger verschwunden. Dafür erinnern die Wachtürme an der Gefängnismauer bis heute an den Knast, dessen oberster Chef am Ende einer seiner letzten Insassen werden sollte: Ab Dezember 1989 saß der ehemalige Stasi-Minister Erich Mielke in Hohenschönhausen ein. Er und seine Mitgefangenen genossen dabei allerdings alle Rechte, die sie ihren Gegnern zuvor nicht gewährt hatten – bis hin zum regelmäßigen Hofgang. Die Bank, auf der sich Mielke gern erholte, steht bis heute. Dort erfreute er sich am Blick auf ein paar Rosenstöcke – ein Blick, den kein DDR-Häftling je genießen durfte. Statt des Rots der Rosen musste ihnen das rote Warnlicht der selbst gebastelten Signallampen genügen. *AS*

Vom Ferienlager bis zum Versteck für Angehörige der RAF

Ferienlager »Feliks Dzierżyński« und »Objekt 74« am Dehmsee

Bei jedem Schritt knarrt der Boden unter den Füßen. Schleichen ist zwecklos – aber auch gar nicht mehr notwendig. Die letzten Ferienlagerzeiten sind Jahrzehnte her. Nur ihre Spuren findet man bis heute überall in der ehemaligen DDR. Teils kann man noch die kleinen Unterkunftshütten ausmachen, in sich zusammengefallen oder kurz vorm Einsturz, teils sind nur noch die Grundmauern übrig. Zu lange nagt nicht nur der sprichwörtliche Zahn der Zeit an den einst begehrten Ferienunterkünften.

Diverse Großbetriebe und Kombinate, die Armee und die Pionierorganisation unterhielten in der DDR Ferienlager von der Ostsee bis zum Erzgebirge. Allen gemein war eine ähnliche Struktur: Neben einfachen

Versteckte Idylle. Spielplatz am Dehmsee

Unterkünften mit Gemeinschaftsbädern und zentralen Verpflegungseinrichtungen gab es auf dem Gelände oder in fußläufiger Entfernung immer Bademöglichkeiten in Seen oder Freibädern. Je nach Standort wurden diverse Sport- und Freizeimöglichkeiten angeboten. Und auch die Höhepunkte der Ferienlagerzeit waren immer die gleichen: das obligatorische Neptunfest, bei dem die feierliche Neptuntaufe mit einem scheußlich schmeckenden Trank aus Neptuns Tiefen begangen wurde, und die abschließende Disco mit DDR-Hits.

Ehemaliges Wachgebäude

So lief es wohl auch im Ferienlager »Feliks Dzierżyński« am Dehmsee ab – nur dass hier nicht jedes Kind Urlaub machen konnte: Das Objekt wurde speziell für die Kinder von Mitarbeitern des Ministeriums für Staatssicherheit gebaut, die in den Ferien unter sich bleiben sollten. Heute sind von den Unterkunftshütten nur noch die Fundamentplatten geblieben, außerdem erinnern eine verwaiste Tischtennisplatte und das massive ehemalige Sanitärgebäude an die Ferienlagerzeit.

Dass das Gelände darüber hinaus noch ganz anders genutzt wurde, ist nicht mehr zu erkennen: Außerhalb der Schulferien diente das Ferienheim am Dehmsee (wie viele andere Ferienheime auch) als Übungsobjekt für bewaffnete oder paramilitärische Einheiten wie die Gesellschaft für Sport und Technik oder die Kampfgruppen. Von den militärischen Übungsplätzen finden sich heute in den abgelegenen Wäldern aber keine Spuren mehr.

Dafür stößt man hier im Wald zwischen Dehmsee und der Spree auf andere konspirative Objekte des Ministeriums für Staatssicherheit. Im Forsthaus Briesen (»Objekt 74«) beispielsweise wurden zeitweise die in

Vorige Doppelseite: Die Tischtennisplatte ist ein Relikt des einstigen Ferienlagers

die DDR geflohenen Mitglieder der zweiten Generation der Terrororganisation Rote Armee Fraktion (RAF) untergebracht, darunter Susanne Albrecht, Werner Lotze, Silke Maier-Witt, Inge Viett und Henning Beer. Das Areal an der Spree war für die Schulung der Neuankömmlinge ideal: Auf dem abgeschiedenen Gelände rund um ein ehemaliges Forsthaus, das ab 1969 zum Ausbildungsobjekt der Stasi ausgebaut worden war, konnten die RAF-Mitglieder vor neugierigen Blicken geschützt intensiv geschult werden. Doch nicht nur Gepflogenheiten des Landes wurden im »Objekt 74« vermittelt, sondern auch der Umgang mit jenen Waffen, die im Ostblock gebräuchlich waren – von der Kalaschnikow bis zur sowjetischen Panzerfaust. Hier lebten die RAF-Mitglieder, bevor sie mit einer neuen Identität ausgestattet in ihrer neuen Heimat, der DDR, zivilen Unterschlupf fanden. Nach dem Motto »Dein Feind ist unser Feind« ermöglichte das SED-Regime ihnen, in der DDR unterzutauchen.

Die Aufsicht über diese Vorgänge hatte die Hauptabteilung XXII des

Wohnblöcke für die Angestellten der Stasi-Objekte am Dehmsee

MfS, die für die Terrorabwehr zuständige Diensteinheit der Stasi. Hauptamtliche und Inoffizielle Mitarbeiter des MfS beobachteten den internationalen Terrorismus und sammelten Daten bei Anschlägen auf Staaten des Warschauer Pakts und auf befreundete Staaten. Die Mitglieder der RAF gerieten schon früh in den Fokus des MfS: In den 1970er-Jahren billigte die DDR die Reisen einiger RAF-Mitglieder in den Nahen Osten über den Ostberliner Flughafen Schönefeld und legte sogar falsche Fährten für die bundesdeutsche Fahndung. 1980 suchten ausstiegswillige RAF-Mitglieder dann beim MfS Unterstützung, zehn Aussteiger wurden in der DDR aufgenommen.

Ehemaliges Sanitärgebäude am See

Um vom geheimen Zufluchtsort abzulenken, verbreitete ein anderer Ex-Terrorist, der 1978 verhaftet worden war und nun als Inoffizieller Mitarbeiter des Ministeriums für Staatssicherheit arbeitete, die in der Bundesrepublik gesuchten Terroristen befänden sich in einem Staat ohne Auslieferungsabkommen. Erst nach dem Ende der DDR und der Auflösung der Stasi wurden die RAF-Aussteiger 1990 enttarnt, verhaftet und verurteilt.

Es gibt Hinweise darauf, dass auch aktive RAF-Mitglieder in den frühen 1980er-Jahren im »Objekt 74« an Waffen ausgebildet wurden. Vermutlich diente das Forsthaus außerdem den in die DDR geflüchteten Terroristen bis 1989 als regelmäßiger Treffpunkt für den Austausch untereinander. Nach der Friedlichen Revolution wurde auch dieser Standort abgewickelt und eine Zeitlang als Ausflugslokal unterhalten. Später diente das »Forsthaus an der Spree« als Wochenendobjekt für Ruhesuchende aus Berlin. Doch auch das ist bereits Geschichte. *MK*

Der Stasi-Bunker von der Stange

Ausweichsführungsstelle der HV A bei Gosen

Der hohe Gast blieb nie über Nacht. Kein einziges Mal schlief er in dem Einzelzimmer, das eigens für ihn ein eingerichtet worden war. Nie bettete er sein müdes Haupt auf das schmale Bett unter der mit Sprelacart-Holzimitat verkleideten Wand. Und auch das orange Telefon auf dem Nachttisch benutzte er nie. Dabei hätte er dort rund um die Uhr über wichtige Ereignisse aus der DDR und dem Ausland informiert werden können. Das einzige Mal, dass Markus »Mischa« Wolf überhaupt die geheime Liegenschaft aufsuchte, war während einer kurzen Inspektion im Jahr 1984, als der Chef des DDR-Auslandsgeheimdienstes sich ein eigenes Bild von der sogenannten Ausweichsführungsstelle machte. Immerhin hätte er hier mit seinen Getreuen ausharren sollen, falls es eines Tages nicht mehr möglich gewesen wäre, von Ost-Berlin aus zu regieren und zu spionieren.

Nie benutzt: Schlafzimmer für Markus Wolf

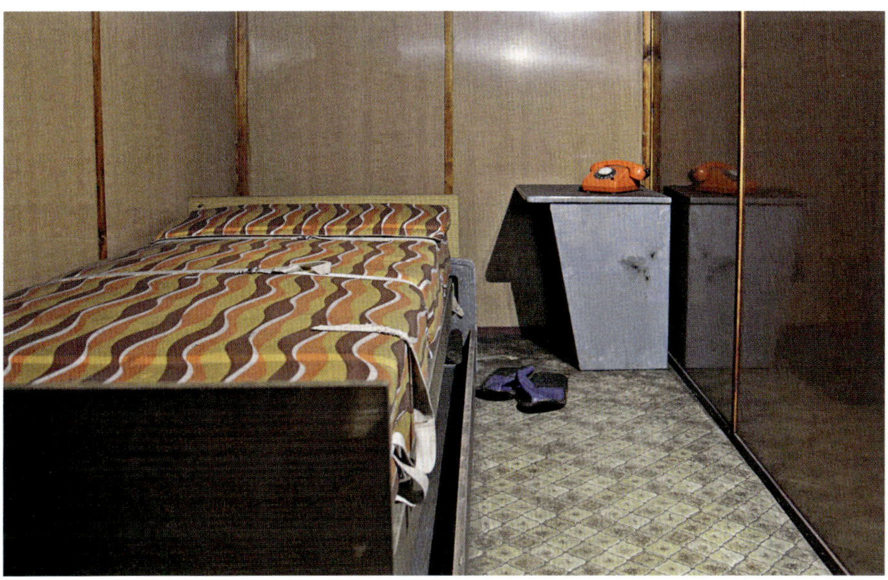

RABENDA ROBERT
hart
AUTOERSATZTEILE HART PREMIUM

AUTO
PERFEKT
R

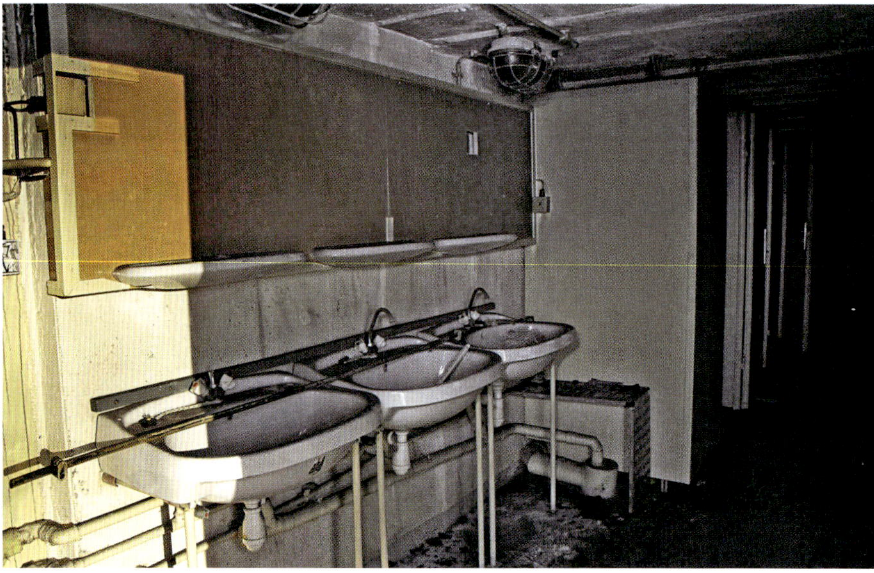

Spartanisch: Waschraum im Bunker, Typ K 81/1

Steil führen die Stufen in die Tiefe. Schwere Metalltüren öffnen sich, dahinter eine Gasschleuse. Mit ihren etwas schräg von der Betondecke hängenden Duschköpfen wirkt sie reichlich improvisiert. Es ist kühl, leicht feucht und etwas muffig: Es ist der Geruch von Vergangenheit, der Duft von kaltem Beton, dazu eine Kopfnote Altöl, ergänzt durch einen Hauch Brandgeruch. Letzterer kommt aus einem der Waschräume. Die Becken sind zerschlagen, die Industrielampe an der Betonwand ist rußgeschwärzt, ein Teil der Installation angeschmort. »Das sind die Spuren der wilden Neunziger«, sagt Jörg Diester, der zusammen mit dem Verein »Bunker-Dokumentationsstätten« mehrere unterirdische Anlagen in Ost- und Westdeutschland betreut.

Wer damals in den dunklen Gängen feierte, ist nicht bekannt. Und niemand weiß, ob den Partygästen eigentlich bewusst war, wo sie gerade ihre Bierflaschen köpften. Denn der »Bunker K 81/1« bei Gosen gehörte zu den geheimsten Liegenschaften im Bestand der Staatssicherheit – genauer gesagt: des DDR-Auslandsgeheimdiensts, der »Hauptverwaltung Aufklärung« (HV A). Die bildete in der weitläufigen Anlage rund um

Vorige Doppelseite: Eine schlichte Werkstatthalle diente als Tarnung

Schlichte Konstruktion: Dusche in der Gasschleuse

den Bunker jene Agenten aus, die als selbst ernannte »Kundschafter des Friedens« Politik, Militär und Wirtschaft in Westeuropa ausspionieren sollten. Offiziell firmierte die Einrichtung als »Politisch-ideologisches Institut«, und ihre Entstehung verdankt sie einem deutsch-deutschen Agententhriller: 1979 lief der HV A-Offizier Werner Stiller in den Westen über, und kurz darauf berichtete der »Spiegel« über die bis dahin geheimsten Geheimisse des kleineren deutschen Staates. Zahlreiche mühevoll verborgene Einrichtungen waren auf einen Schlag enttarnt – so auch die bisherigen Spionageschulen der HV A. Ersatz musste also her. Unter anderem am Ufer des Seddinsees bei Gosen.

So wurde hier eine Anlage aus Schulungsgebäuden, Wohnheimen und Sportanlagen für angehende Spione errichtet. Dass sich auf dem Gelände auch der Ausweichbunker für ihren obersten Chef befand, dürften die wenigsten Auszubildenden gewusst haben. Denn die Bauherren taten alles dafür, dass der Bunker nicht wie ein Bunker aussah: Ein schlichter Schuppen aus Asbestplatten steht unauffällig mitten in einem Wäldchen. Er erinnert eher an eine Werkstatt oder eine Lagerhalle. Offiziell firmierte er auch als »Versorgungsstützpunkt des Ministerrats«. Erst im Inneren steht man vor einer massiven Panzertür, hinter

Wuchtig und luftdicht: die Bunkertür

der eine steile Treppe in die Tiefe führt.

So raffiniert die Tarnung war, beim Bunker selbst handelte es sich um Ware von der Stange – denn die DDR hatte nicht nur den Wohnungsbau standardisiert, auch Bauten für die Staatssicherheit wurden in Serie gefertigt. Der VEB Spezialhochbau in Hohenschönhausen befasste sich mit nichts anderem als mit der Produktion spezieller Fertigteile, aus denen dann Gebäude für den Stasi-Bedarf zusammengesetzt wurden.

Treppen von beiden Seiten, zwei direkt nebeneinander liegende Mittelgänge, schlauchartige Räume in Reih und Glied und dahinter schmale, aneinander gereihte Technikräume für Luft- und Wasserfilter – Experten erkennen sofort, dass in Gosen Typ V2c im märkischen Sand versenkt wurde. V2c war das Basismodell für eher geringe Ansprüche – eine Art Trabant unter den Bunkern. Die für seine Nutzer bittere Erkenntnis: V2c erfüllte lediglich Schutzklasse D, das heißt die zweitschwächste. Die Betondecke ist gerade mal 25 Zentimeter stark, und im Falle eines direkten Luftangriffs hätte sie vermutlich nicht viel mehr ausgehalten als ein ordinärer Kartoffelkeller. Auch die Lage Porenbeton, die man als Puffer um die Betonplatten aufgeschichtet hatte, hätte im Ernstfall wohl nicht allzu viel genützt. Folglich bestand die Schutzwirkung des Objekts K 81/1 vor allem in der Tatsache, dass sein Standort geheim war. Nur solange der Klassenfeind nicht auf die Idee kam, eine Bombe auf den unauffälligen Schuppen zu werfen, erfüllte der Bau seinen Zweck.

Einer Bewährungsprobe musste sich der Gosener Bunker aber nie stellen. Nicht einmal eine echte Übung gab es. Auf die wurde, ebenfalls aus Gründen der Geheimhaltung, verzichtet. Denn jeder Teilnehmer der Übung hätte ja von der Lage des Objekts gewusst und wäre so zum potenziellen Sicherheitsrisiko geworden – die Erfahrung mit dem untreuen Genossen Stiller hatte bei der ohnehin zur Paranoia neigenden Stasi ein wahres Trauma hinterlassen.

Für die Teilnehmer wäre eine solche Übung auch wenig erbaulich gewesen, denn das Leben im Bunker wäre mit dem Wort »spartanisch« noch schmeichelhaft umschrieben. Eng und dunkel ist es in den Mannschaftsräumen, nicht einmal Betten waren vorhanden. Die Kundschafter des Friedens hätten ihre eigenen Schlafsäcke mitbringen und mit bis zu 135 Mann in wechselnden Schichten ausharren müssen – mit nur drei Toiletten.

Während der Führungsbunker K 81/1 schon im Mai 1984 offiziell übergeben wurde, dauerten die Bauarbeiten an der benachbarten Aus-

Partyspuren: In den 1990er-Jahren wurde illegal gefeiert

Technik für den Ernstfall: Filteranlagen

bildungsstätte für Agenten etwas länger: Sie wurde erst 1988 fertig – ein Jahr vor dem Mauerfall. Aus der gerade erst fertiggestellten Agentenschule wurde bald ein Lost Place, und auch die kurz zuvor noch streng geheimen Bunker standen offen. 2007 kaufte ein Projektentwickler das Gelände. Die idyllische Lage direkt am Seddinsee lässt sich gut vermarkten. Und heute ist vor allem die Nähe zu Grünheide ein entscheidender Standortvorteil: In vielen der früheren Stasi-Gebäude wohnen heute Tesla-Mitarbeiter. *AS*

Das berüchtigte Gefängnis an der Elbe

Untersuchungshaftanstalt Dresden

Langsam tuckert das Ausflugsschiff die Elbe hoch durch Dresden. Unzählige historische Gebäude säumen beide Uferseiten. Nach der Semperoper, der Brühlschen Terrasse und dem Albertinum passiert das Schiff gleich hinter der Waldschlösschenbrücke und kurz vor dem imposanten Wasserwerk Saloppe ein eher unscheinbares Areal. Hier, am Rande der Dresdener Neustadt, befand sich die Bezirksverwaltung Dresden des Ministeriums für Staatssicherheit.

Von der Straße aus ist nur ein schlichtes Verwaltungsgebäude zu sehen, aber auf dem Gelände befinden sich noch zahlreiche weitere Bauten. Der dreieinhalb Hektar große Komplex wurde ab 1953 für die Bedürfnisse der Stasi schrittweise um- und ausgebaut. Neben Büro- und Funktionsgebäuden – darunter eine Mensa, ein (Waffen-)Lager,

Zelle für zwei Insassen der Untersuchungshaftanstalt Dresden

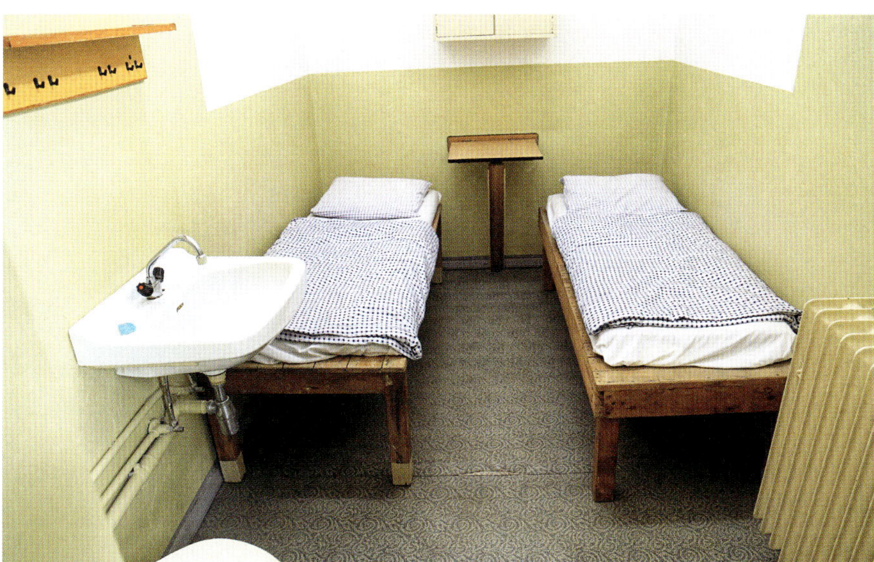

Zellen über Zellen im Zellentrakt des Stasi-Gefängnisses

Werkstätten und Garagen – entstand dabei auch die örtliche Untersuchungshaftanstalt, denn das Gelände war nicht nur Verwaltungssitz, sondern auch Haftort für vermeintliche Feinde des SED-Regimes im Bezirk Dresden.

Angehörige des MfS sammelten nicht nur Daten vermeintlicher und tatsächlicher politischer Gegner der SED-Diktatur, sondern fungierten auch als Geheimpolizei im Land. Die Haftanstalten waren dabei eines der wichtigsten Repressionsinstrumente der SED. Das Ministerium unterhielt deshalb – neben dem zentralen Untersuchungsgefängnis der Staatssicherheit in Berlin-Hohenschönhausen – in jedem Bezirk der DDR ein eigenes Untersuchungsgefängnis. Der Gefängnistrakt in Dresden war der erste MfS-eigene Neubau einer Untersuchungshaftanstalt auf dem Gebiet der DDR. Aktuellen Schätzungen zufolge saßen hier bis 1989 etwa 10.000 Menschen ein, vornehmlich aus politischen Gründen.

Heute dient das Gelände in der Bautzner Straße als Dokumentations- und Gedenkstätte. Besichtigt man das ehemalige Haftgebäude, schnürt es einem den Hals zu. In dem viergeschossigen Gebäude gab es 44 Zel-

Vorige Doppelseite: Blick in den Zellentrakt der Haftanstalt der Stasi

len, »Verwahrräume« für bis 88 Personen. Häufig waren hier nicht nur »echte« Häftlinge untergebracht: Die Stasi schleuste auch regelmäßig Inoffizielle Mitarbeiter in die Haftanstalten ein, um die Inhaftierten auszuhorchen.

Die Gesamtzahl der Häftlinge hätte im Notfall (unter Einbeziehung der Freigangszellen) knapp verdreifacht werden können. Neben den Zellen gab es 13 Diensträume, die für die regelmäßigen Verhöre genutzt wurden. Im Geheimdienststil wurden hier Geständnisse im Zweifelsfall einfach erpresst beziehungsweise konstruiert, ganz wie es dem SED-Regime passte.

Bei guter Führung gewährte man den Inhaftierten auch Freigang auf dem Gelände. In den 1980er-Jahren wurde der Freigang in der Haftordnung formell auf maximal eine Stunde ausgedehnt und sollte 30 Minuten nicht unterschreiten. Aber auch hier blieben die Häftlinge voneinander isoliert. Durch den Entzug sozialer Nähe sollten die Gefangenen gebrochen werden.

Früher Haftanstalt, heute Erinnerungsort und Gedenkstätte

Bei einer Tour durch die Gedenkstätte führt der Weg auch in den sogenannten Fuchsbau. Bevor das MfS das Gelände für eigene Zwecke nutzte, residierte hier der sowjetische Geheimdienst, der in den Kelleranlagen eines ehemaligen Hotels Einzel- und Mehrfachzellen hintereinander an einem langen Flur einbauen ließen. Diese Zellen wurden bis in die 1950er-Jahre für Dunkelhaft und Verhöre genutzt und können heute besichtigt werden.

Büro des Leiters der Bezirksverwaltung

Auf dem Gelände sind aber auch zahlreiche Gebäude ohne Nachnutzung erhalten geblieben. Dazu gehören zwei historische Fabrikantenvillen. Beim Betreten der Gebäude schlägt einem sofort der konservierte Geruch der Vergangenheit entgegen. Sobald sich die Augen an die Dunkelheit im Inneren gewöhnt haben, sieht man das Inventar aus der Stasi-Zeit, denn das MfS bestimmte auch hier den Umbau. In der Villa Madaus wurde der medizinische Dienst mit Sauna, Apotheke und Physiotherapie untergebracht, die Sadofsky-Villa war Sitz der »Rückwärtigen Dienste« und später internes Klubhaus des MfS. Beide Gebäude warten heute auf eine neue Nutzung.

Weniger bekannt ist, dass die ehemalige Untersuchungshaftanstalt auch ein Ort der Friedlichen Revolution war: 1989 besetzten Dresdner Bürger das Gelände gewaltlos, ein Bürgerkomitee arbeitete mit der Volkspolizei zusammen und begleitete die Auflösung der Stasi. Über zehn Kilometer Akten wurden dabei gesichert und später den Behörden übergeben.

Schon seit Längerem ist bekannt, dass Wladimir Putin als Mitarbeiter des sowjetischen Geheimdienstes KGB zwischen 1985 und 1990 in der Dienststelle des sowjetischen Geheimdienstes in Dresden eingesetzt war und regelmäßig die Bezirksverwaltung des MfS besuchte. *MK*

Nachrichten des Klassenfeindes

Abhörposten »Quelle 1«

Der Weg wird steiler und steiler. Es geht hoch hinaus. Hier, versteckt im Havelland, befinden sich auf einem kleinen Bergplateau die baulichen Überreste einer der einst modernsten Abhörstationen des Ministeriums für Staatssicherheit. »Quelle 1« lautet der kryptische Name der Anlage, die erst Ende der 1980er-Jahre errichtet wurde.

Das MfS verwanzte nicht nur die Wohnungen verdächtiger Personen, sondern zapfte auch die Nachrichtenleitungen von West-Berlin und der Bundesrepublik an. Nachdem in den ersten Jahren des Kalten Krieges vor allem Fernkabelverbindungen genutzt und immer wieder gegenseitig abgehört wurden, suchte man nach technischen Lösungen, um möglichst abhörsicher kommunizieren zu können. Eine Lösung sollte darin bestehen, die Telefongespräche über Richtfunkstrecken zu übertragen. Hierfür mussten keine Kabel mehr durch »Feindesland« verlegt werden, es brauchte lediglich eine theoretische Sichtverbindung zwi-

Betreten verboten – damals wie heute

Der Charme des Morbiden macht sich überall breit

schen den einzelnen Richtfunktürmen. Fast 160 Kilometer konnten so überbrückt werden. Da es sich bei diesen Bauten für zivile Zwecke aber um stationäre Anlagen handelte, konnte sich der Gegner einfach entlang der Richtfunkachsen positionieren und durch sogenannte Demodulation der Signale wieder mithören. Auch als 1985 ein erstes Glasfaserkabel entlang der Richtfunktrasse von West-Berlin nach Uelzen in Niedersachsen gelegt wurde, las die Stasi fleißig mit.

In Rhinow im Havelland, auf dem Abhörposten »Quelle 1«, erfolgte ab 1986 die Aufklärung eben dieser Nachrichten, die über die Richtfunkstrecke und die Glasfaserverbindung liefen. Die Liegenschaft zählte 1989 zu den modernsten Stützpunkten der Hauptabteilung III. Die HA III war für die Funkaufklärung und -abwehr zuständig, nicht nur in der DDR, sondern auch in anderen Staaten, in denen das Ministerium für Staatssicherheit operierte.

Etwa 200 Mitarbeiter waren hier im Einsatz. Die Schwierigkeit bestand darin, aus der Vielzahl der gleichzeitig stattfindenden Übertragungen die relevanten Informationen herauszufiltern. Theoretisch konnten mehr

Vorige Doppelseite: Stillleben im Hauptgebäude des Abhörpostens »Quelle 1«

als 1.920 Kanäle gleichzeitig übertragen werden, die alle mitgelesen werden mussten. Daten über Daten! Das MfS bestimmte also aus der Vielzahl der Verbindungen 60 ausgesuchte Kanäle, die ab Januar 1988 aufgezeichnet beziehungsweise mitgehört wurden. Gleichzeitig tüftelten die Mitarbeiter des MfS weiter, um die Nutzungskapazität zu steigern. Wenige Monate später ermöglichte es der Ausrüstungs- und Technikstand, die Informationsbeschaffung von 600 Telefonkanälen rechnergestützt zu betreiben. Ende 1989 konnten dann sogar 1.800 Kanäle verarbeitet werden.

Zu den besonderen Bauten auf dem Gelände der »Quelle 1« gehört der ehemalige Abhörturm, der unübersehbar an dieses Kapitel innerdeutscher Spionage und Gegenspionage erinnert. Unterhalb der Radarkuppel befand sich die Technik zum Mitlauschen entlang der beiden Richtfunkstrecken Berlin-West – Clenze und Berlin-West – Gartow. Klettert man heute auf den Turm, hat man nicht nur einen bezaubernden Ausblick in die Landschaft. Bis auf die nicht mehr vorhandene Abhör-

Blick hoch hinauf zum Überwachungsturm

In der ehemaligen Kantine wird schon lange kein Essen mehr serviert

technik sind unter der Radarkuppel noch alle Baulichkeiten vorhanden, als wäre der Standort erst gestern aufgegeben worden.

Auf dem Gelände gab es neben dem Hauptgebäude, das einst voller Abhör- und Speichertechnik war, auch ein Sozialgebäude mit Kantine und Ruheräumen sowie ein Technikgebäude, in dem zwei große Notstromgeneratoren für einen ausfallsicheren Betrieb zur Verfügung standen. Diese Bauten liegen unweit vom Abhörturm vergessen mitten im Wald. Die massiven Betonmauern sind an zahlreichen Stellen eingestürzt, die Fenstergläser gesprungen. In einigen Räumen bedeckt Moos den Boden und die Wände – die Natur erobert sich das Gelände zurück. Rund um die Gebäude sind noch immer die kleinen, in regelmäßigen Abständen errichteten Beobachtungsunterstände zu erkennen. Die Stasi vertraute also nicht nur auf eine massive Abgrenzung mit Betonelementen und Stacheldraht wie an der Berliner Mauer, sondern setzte zusätzlich noch auf eine visuelle Überwachung der Sichtachsen. Die Sicherheit der Anlage hatte höchste Priorität! *MK*

Turbokapitalismus in Stasi-Hallen

Truppenübungsplatz Massow

Als der Kapitalismus nach Massow kam, gab er gleich so richtig Vollgas. Er kam mit Paletten voller Auspuffsets und Leichtmetallfelgen, mit Spoilern und Hosenträgergurten. Er brachte all das, wonach vor allem der männliche Teil einer Bevölkerung dürstete, die über Jahrzehnte auf Zweitakt-Diät gesetzt war. Jetzt aber fuhr plötzlich jedermann einen gebrauchten Westwagen – Autos, die nur darauf warteten, noch etwas veredelt zu werden. Und das nötige Zubehör gab's in Massow (Halbe), keine Fahrstunde von Berlin entfernt, direkt an der Autobahn.

»Autoteile + Zubehör« steht heute noch in giftgrünen Großbuchstaben auf den Fenstern der zerfallenen Halle. Im Inneren herrscht Verwüstung: Scherben und zerbröselte Gipsplatten bedecken den Boden, dazwischen rottet ein Stapel zerknüllter Prospekte vor sich hin. Die blaustichig ver-

Ausverkauft! Zuletzt war hier ein Tuning-Shop

Nach der Stasi kamen die Schnäppchen

färbten Bilder zeigen die einstigen Objekte der Begierde: Heckdesignblenden für den Golf III, dazu Doppelscheinwerfer und Zusatzblinker, natürlich in Schwarz. Auf dem zersplitterten Glas einer Werkstatttür wirbt ein Aufkleber für Blei-Ersatz von Liqui-Moli – ein unverzichtbares Accessoire für die Sparfüchse, die sich einen Gebrauchten ohne Kat hatten andrehen lassen und jetzt Probleme mit dem bleifreien Sprit hatten. Und an einer Außentür erinnert die Aufschrift »Pachttoilette« daran, dass im Kapitalismus auch menschliche Grundbedürfnisse einer ökonomischen Verwertung unterzogen werden.

Binnen kürzester Zeit hatte sich in den schlichten Hallen im brandenburgischen Nirgendwo der Turbokapitalismus auf besonders anschauliche Art durchgesetzt. Und das an einem Ort, an dem kurz zuvor noch der Tschekismus regiert hatte. Denn nur wenige Jahre zuvor diente das Areal südöstlich von Teupitz noch einen völlig anderen Zweck: Es war eine der größten Liegenschaften der Stasi – genauer gesagt des Wachregiments Feliks Dzierżyński.

Der Name des russischen Revolutionärs, der mit der Tscheka die erste Geheimpolizei der Sowjetunion gründet hatte, war in den Ostblockstaaten allgegenwärtig. Er gilt als Wegbereiter eines wachsamen Kommu-

Ein Wachturm deutet auf den ehemaligen Übungsplatz hin

nismus, der potentiellen Konterrevolutionären keine Chance lässt. Dass Dzierżyński dabei Terror und Willkür bewusst als Mittel der Abschreckung einsetzte, wurde nicht weiter thematisiert. Stattdessen benannte das MfS zu Ehren des Genossen Feliks eine bewaffnete Einheit nach ihm. Und die hatte in der DDR einen besonderen Status: Sie war militärisch geschult und ausgerüstet, unterstand aber nicht dem Verteidigungsministerium. Als kleine Armee der Stasi hatte sie auch keine äußeren Feinde im Visier. Sie war vor allem darauf vorbereitet, Aufstände oder Unruhen zu bekämpfen. So waren das Wachregiment und seine Vorläufer sowohl bei der Niederschlagung des Aufstands am 17. Juni 1953 als auch beim Bau der Berliner Mauer 1961 beteiligt. Der Alltag war freilich deutlich weniger spektakulär: Einen Großteil der Zeit verbrachten die Angehörigen des Wachregiments damit, Objekte von Staat und Partei zu sichern.

Die dafür nötigen Fertigkeiten wollten erlernt sein – unter anderem auf dem Übungsplatz bei Massow, der offiziell als »Truppenübungsplatz Teupitz« firmierte. Ein Wachturm aus Betonteilen erinnert daran, dass

Folgende Doppelseite: Vom Kulturhaus sind nur Trümmer übriggeblieben

BÜHNE

Hier nagt der Zahn der Zeit. Feuchte zersetzt das Gebäude

das Areal einst Sperrgebiet war. Auf einer Fläche von 49 Quadratkilometern waren seit 1960 nicht nur Schießplätze entstanden, sondern auch Trainingsanlagen für all das, was ein Tschekist können musste – von Fahrmanövern mit dem Schützenpanzer bis zum Häuserkampf. Dazu gesellten sich eine komplette Kaserne nebst Kulturhaus, Restaurant, Sportplätzen, Poliklinik und HO-Laden – die Kaufhalle mit dem typisch gewellten Dach aus Betonelementen steht noch heute. In spürbarem Abstand zur nächsten nennenswerten Siedlung war also eine komplette kleine Stadt für Leute herangewachsen, die auch jenseits ihres Dienstes möglichst wenig Kontakt mit normalen Werktätigen haben sollten. Schließlich zählten zu den Tätigkeiten der in Massow Stationierten auch so sensible Aufgaben wie die Bewachung des Untersuchungsgefängnisses in Hohenschönhausen oder der Spionageobjekte in Zeesen, Wernsdorf oder Gosen. Auch dass Offiziere verbündeter Diktatoren wie Saddam

Rechte Seite: Auch das ehemalige Möbellager löst sich langsam auf

CRS

Hussein in Massow ihre Fertigkeiten in Sachen Repression verfeinerten, musste nicht jeder wissen. Ebenfalls geheim sollte bleiben, dass im Falle größerer Unruhen Teile der Politikprominenz aus der Hauptstadt in Massow untergeschlüpft wären. Zumindest war extra für sie ein Bunker auf dem Gelände reserviert.

Dass es für eine Liegenschaft dieser Art nach 1990 keine direkte Verwendung gab, liegt auf der Hand. Und lang und teils kurios ist die Liste der Nachnutzer, zu der nicht nur der Tuning-Experte gehörte: Dank der Nähe zur A 13 wurde das einstige Sperrgebiet erst einmal zum Rasthof. Später mutierte das Stabsgebäude zur Rehaklinik, dann zum Hotel. Allerdings entpuppte sich die Lage fernab jeder Infrastruktur als veritabler Standortnachteil: Keinem der Geschäftsmodelle war ein langfristiger Erfolg beschieden. Im ehemaligen Hotel leben daher nun Menschen, die bei der Wahl ihres Wohnsitzes kein Mitspracherecht haben: Geflüchtete, für die ein ab und an verkehrender Shuttlebus die einzige Verbindung zur Außenwelt darstellt. Ansonsten ist das Areal vergessen.

Ein letztes Mal Aufmerksamkeit erregte das einstige Stasi-Gelände im Herbst 2012: Ehemalige Angehörige des Wachregiments errichteten einen Gedenkstein, der Feliks Dzierżyński und die nach ihm benannte Einheit würdigen sollte – eine Form der Erinnerungskultur, die auf wenig Gegenliebe stieß. Nachdem der Fall bundesweit durch die Presse gegangen war und der damalige Leiter der Gedenkstätte Hohenschönhausen sogar Strafanzeige gestellt hatte, verschwand der Findling wieder.

Heute erinnert auf dem Areal nichts mehr an die Stasi-Vergangenheit. Auch im Kulturhaus findet man nur noch Spuren der Nach-Wende-Nutzung. Offenbar war hier ein Möbellager untergebracht. In feucht-kalten Betonhallen modern Sitzlandschaften vor sich hin, die vermutlich schon in den 1990er-Jahren unverkäufliche Ladenhüter waren. Aber auch das ist schon lange her. Inzwischen hatte das von der brüchigen Betondecke tropfende Kalkwasser sogar genug Zeit, um an einem umgekippten Sessel kleine Stalagtiten zu bilden. Jedes Jahr wachsen sie um ein paar Millimeter. Dass der Zeitraum seit dem Ende der DDR schon so bald mit geologischen Mitteln berechnet werden könnte, hätte damals auch keiner gedacht. *AS*

Die Jagdresidenz des Ministers

Jagdschloss Wolletzsee in der Uckermark

»Weidmannsheil!« hört man am Wolletzsee schon lange nicht mehr. Früher aber befand sich hier in der Uckermark ein Jagdschloss. Das dort gewachsene Ensemble geht im Kern auf ein Jagdschloss aus dem frühen 19. Jahrhundert zurück. Es wurde 1935 von seinem neuen Besitzer abgerissen und durch einen Neubau ersetzt, der aber nie fertiggestellt wurde – der Bauherr, ein gewisser Anton Martinek, über den man kaum etwas weiß, setzte sich kurz vor Kriegsbeginn in die USA ab. Nach dem Zweiten Weltkrieg diente der Rohbau erst als Notquartier für Vertriebene und wurde dann 1952 dem Ministerium für Staatssicherheit übergeben.

Minister Wilhelm Zaisser, ein passionierter Jäger, ließ das Gebäude für seine Zwecke umbauen. Im DDR-Regime besaß jeder der hohen

Ehemaliges Heizhaus am Rande der Jagdresidenz

Funktionäre nicht nur sein mit besonderen Versorgungs- und Konsummöglichkeiten ausgestattetes Wohnobjekt in der Waldsiedlung Wandlitz, sondern konnte auch auf zahlreiche über die Republik verteilte Erholungsobjekte zugreifen. Einige Politbüromitglieder hatten darüber hinaus persönliche Jagdhäuser, die regelmäßig für Treffen abseits des offiziellen Protokolls, auch mit internationalen Gästen, genutzt wurden. Selbstredend fehlte es schon in der Bauphase nicht an den notwendigen Baustoffen oder Einrichtungsgegenständen. Und nach Fertigstellung der Bauten genossen die Genossen hier eine umfassende Versorgung mit allerlei Konsumgütern und Lebensmitteln, auf die ein normaler Bürger mitunter einige Zeit warten musste (wenn er sie überhaupt erwerben oder eintauschen konnte).

1957 löste Erich Mielke Zaisser nicht nur als Minister ab, sondern er übernahm auch das Anwesen am Wolletzsee und ließ weiter ausbauen. Rund um das Jagdschloss sollte ihm und seiner Entourage ein ganz besonderes Refugium zur Verfügung gestellt werden.

Übersicht des Rohrsystems im Kellertrakt

Mielke wusste mit Schusswaffen umzugehen: Im August 1931 erschossen er und ein Komplize am Bülowplatz in unmittelbarer Nähe der KPD-Zentrale in Berlin zwei patrouillierende Polizisten. Um einer Strafe zu entgehen, tauchten sie unter und flohen dann nach Moskau. Nach Ende des Zweiten Weltkriegs wurde Erich Mielke im Westen per Haftbefehl gesucht, in der DDR aber nie zur Rechenschaft gezogen.

Doch Mord verjährt nicht. Nach der deutschen Wiedervereinigung verurteilte das Landgericht Berlin Erich Mielke 1993 wegen Mordes an zwei Polizeioffizieren zu einer Freiheitsstrafe von sechs Jahren. Bereits

Vorige Doppelseite: Im Heizkeller hat Minister Mielke bestimmt keine Kohle geschauf

Lagerraum im unterirdischen Bereich des Heizhauses

Ende 1995 wurde er, nachdem er knapp zwei Drittel der Haftzeit abgesessen hatte, im Alter von 88 Jahren auf Bewährung entlassen. Fünf Jahre später verstarb Mielke am 21. Mai 2000 in einem Seniorenheim in Berlin-Hohenschönhausen.

Die Bewohner des kleinen Ortes Wolletz kannten diese Geschichte zu DDR-Zeiten sicherlich nicht. Sie profitierten von den Investitionen der Stasi. Bis 1988 wurden hier 21,9 Millionen DDR-Mark aus dem Etat des MfS investiert. Neben der Erweiterung des historischen Jagdschlosses entstanden mehrere mehrstöckige Gästehäuser, ein Wirtschaftshof mit Garagentrakt, Tankstelle, Heizhaus sowie einer eigenen Bäckerei. Am Ende stellten knapp 100 Mitarbeiter den Betrieb sicher.

Nach der Wiedervereinigung fiel das Gelände am Wolletzsee an den Bund, der die Umnutzung zu einer Klinik unterstützte. Seitdem ist das Gelände für Besucher zugänglich und wurde auch teilweise umgestaltet. Im ehemaligen Wirtschaftshof sind die Spuren der Vergangenheit trotzdem noch sichtbar: Ursprünglich waren in den oberirdischen Bereichen die Fahrzeuge für die Jagdgesellschaften untergestellt und wurden gewartet. Heute parken hier die Fahrzeuge der Angestellten und die der Patienten. Die dunklen Kellerräume dagegen sind verlassen – hier scheint

Im Jagdschloss ist heute die Cafeteria der Klinik untergebracht

die Zeit stehen geblieben zu sein. Die Tankstelle ist schon lange außer Betrieb, und auch aus dem benachbarten Heizhaus steigt kein Rauch mehr auf. Die Heizkessel wurden allesamt demontiert, die Räumlichkeiten dienen heute als Abstellort und Müllkippe. Ein Lost Place, wie man ihn sich vorstellt.

Den Wolletzsee erreicht man über eine schmale Landstraße, die durch die dichten, einsamen Wälder der Uckermark führt. Im kleinen Ort Wolletz kann man neben dem ehemaligen Jagdschloss auch einen zum Hotel umgebauten historischen Gutshof und einen ehemaligen Konsum besuchen, der heute ein Café beherbergt. *MK*